약속 꼭 지킬게!

글 강민경
한양대학교 국어국문학과를 졸업하고 같은 학교 대학원에서 고전문학을 공부했습니다. MBC 창작동화공모에 장편동화가 당선되면서 동화를 쓰기 시작했답니다. 아이세상 창작동화 우수상, 기독 신춘문예 당선, 한국안데르센상 대상을 수상했고, 현재 대학에서 문학을 가르치면서 어린이들을 위한 글을 쓰고 있습니다. 지은 책으로 《꽃골학교 아이들》《아이떼이떼 까이》《100원이 작다고?》《아드님, 진지 드세요》《어린이를 위한 글로벌 마인드》 등 다수가 있습니다.

그림 박진아
신나고 재미있는 그림을 그리는 걸 매우 좋아합니다. 그린 책으로 《어디로 갔지?》《1학년 1반 나눔봉사단》《하늘을 날고 싶은 괴물 물고기》《어린이를 위한 용돈 관리의 기술》 등이 있습니다.

좋은습관 길러주는 생활동화 15

약속의. 소중함을. 일깨워주는. 책

약속 꼭 지킬게!

글 강민경 | 그림 박진아

위즈덤하우스

• 작가의 말 •

약속을 지킨다는 것

　예전에 친구들과 약속을 한 적이 있어요. 대여섯 명과 두 시에 만나기로 했지요. 약속 시간에 늦지 않으려고 헐레벌떡 뛰어갔는데, 약속 시간이 지나도록 아무도 오지 않는 거예요. 휴대폰도 없던 시절이라 꼼짝없이 길거리에 서서 친구들을 기다려야 했지요. 처음에는 친구들에게 화가 났다가, 그 다음엔 혹시 친구들에게 무슨 일이 생겼나 걱정이 되었다가, 나중에는 약속 시간을 잘못 알았나 의심스러워졌어요.

　삼십 분이 지나서야 하나 둘씩 친구들이 도착하기 시작했어요. 버스가 늦게 와서, 낮잠 자다가 늦게 일어나서, 깜빡 잊어서 등 친구들의 핑계는 다양했어요. 그나마 한 명은 끝까지 오지 않았어요. 저는 화가 나서 친구들에게 속상한 마음을 쏟아부었지요.

　지금은 그 친구들과 사이좋게 지내지만, 그때 생긴 마음의 상처는 한동안 저를 괴롭혔어요. 제일 괴로웠던 건 그 뒤로 저도 약속 시간에 늦게 나가게 되었다는 거예요. 어차피 일찍 가도 친구들을 기다려야 할 텐데 괜히 손해 보는 느낌이었거든요. 그런데 문제는 시간 약속을 어기게 되면서 다른 약속도 조금씩 어기게 되었다는 거예요. 다른 사람들과의 약속은 물론, 나 자신과의 약속도 아주 쉽게 어기게 되었어요.

　그러던 중 '건이'를 만나면서 나 자신을 보게 되었지요. 약속의 무게를 너무 가볍게 여겼던 내 모습을 보게 되었고, 내가 어긴 약속들이 두 배, 세 배의 무게가 되어 다시 내 어깨를 누르고 있는 모습을 보게 된 것이지요. 내가 약속 시간에 늦은 것만큼 다른 사람의 시간을 훔친 것이고, 내가 약속을 어긴 것만큼 나의 미래를 갉아먹었던 거예요. 내가 약속을 어긴 것만큼 나에 대한 믿음이 무너져 내렸던 것이지요.

　여러분은 혹시 약속의 무게를 느끼고 있나요? 자신이 한 약속이 너무 무거워서 버겁다면 이제부터 조금씩 약속을 줄여 보세요. 약속을 지키는 것이 부담스러운 친구들은 가벼운 약속부터 해보세요. 하나 둘 약속을 지키다 보면 약속을 지켜 가는 과정이 즐거워질 거예요. 약속을 지킨다는 것은 내 미래를 스스로 가꾸는 기분 좋은 일이니까요.

약속을 잘 지키고 싶은 강민경

• 차례 •

작가의 말 ····················· 4

내가 뭘 잘못한 거야? ············ 8

그림자를 지켜라 ··············· 17

아빠와 엄마 둘 다 똑같아 ····· 24

꼭 이기고 말겠어 ·············· 29

하기 싫은 약속 ················ 35

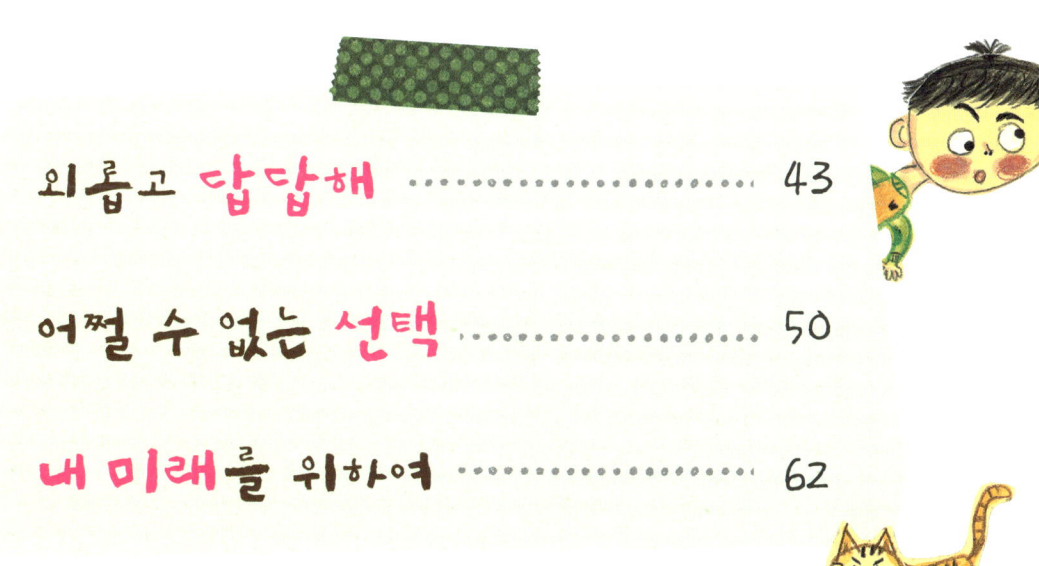

외롭고 **답답해** ················· 43

어쩔 수 없는 **선택** ················ 50

내 미래를 위하여 ················ 62

| 부록 |

내가 한 약속 끝까지 지키는
Know-How! ············ 70

① 나는 약속을 잘 지키는 아이일까?
② 약속을 잘 지키기 위한 4단계 전략!

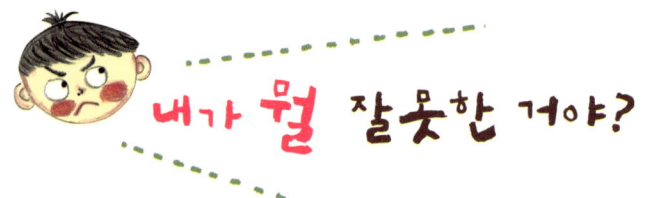

내가 뭘 잘못한 거야?

"따르르르릉!"

전화벨 소리가 유난히 크게 들렸어요. 건이는 어슬렁어슬렁 걸어가 천천히 전화를 받았어요. 전화를 받으면서도 텔레비전에서 눈을 떼지 못했어요. 주말에 봤던 개그 프로그램이지만, 다시 봐도 배꼽이 빠질 정도로 웃겼어요.

"건아, 왜 안 나와?"

수화기 너머에서 민성이 목소리가 들렸어요.

"응?"

건이는 여전히 텔레비전에 온 신경을 쏟은 채 되물었어요.

"놀이터에서 축구하기로 한 약속 잊었어? 4시에 만나기로 했잖아."

그제야 건이는 민성이와의 약속이 떠올랐어요. 몇 시간 전, 학교에서 약속을 했는데 텔레비전을 보느라 그만 잊고 만 거예요. 시계를 보니 벌써 20분이나 지나 있었어요.

"어, 깜빡했어. 미안해."

건이는 개그 프로그램을 보면서 건성으로 대답했어요.

"뭐야? 한참 기다렸잖아."

민성이의 목소리를 들으니 잔뜩 약이 오른 것 같았어요. 건이는 속으로 민성이가 무척 답답했어요. 약속 시간이 지나도 나오지 않으면 집으로 돌아갈 것이지, 미련하게 20분이나 기다리다니요.

"중요한 일이 생겨서 그랬어. 전화 끊는다."

"건아, 너……!"

민성이가 무슨 말을 더 하려고 하는데, 건이는 민성이와 말

이 길어지는 게 싫어서 얼른 전화를 끊었어요. 민성이가 혼자 20분이나 기다렸다니, 조금 미안하긴 했어요.

하지만 민성이도 건이와의 약속을 어긴 적이 있었어요. 지난여름, 같이 수영장에 가기로 했는데 민성이가 감기에 걸려서 건이를 바람 맞혔거든요. 어쩔 수 없는 일이긴 했지만, 건이는 민성이가 약속을 못 지킨 것이 못내 섭섭했어요.

'민성이도 어긴 적 있는데, 뭐.'

건이는 다시 소파에 길게 누워 텔레비전을 보며 낄낄 웃기 시작했어요.

"건아, 너 오늘 모둠별 과제 있다고 하지 않았니? 몇 시까지 만나는 거야?"

그런데 건이가 계속 텔레비전을 보고 있자, 엄마가 이상하다는 듯 물었어요.

"아!"

건이는 소파에서 벌떡 일어났어요. 아까 민성이가 맨 끝에 하려던 말이 무엇인지 알 것 같아요. 4시에 민성이와 미리 만나

 축구를 하다가 5시에 모둠 아이들과 만나기로 한 걸 말하려던 것이었어요. 민성이와의 약속을 잊고 나니 모둠 아이들과의 약속도 까맣게 잊은 거예요.

 이번 과제는 건이가 좋아하는 연우와 같은 모둠이 되어 가게에 대해 조사하는 거예요. 건이는 속으로 환호성까지 질렀는데, 텔레비전을 보다가 약속을 잊고 말았어요.

 "왜? 늦었어?"

 건이가 깜짝 놀라 소리를 지르자, 엄마가 설거지를 하다 말고 나왔어요.

 건이는 지금이라도 모둠 아이들과 약속한 학교 운동장까지 뛰어갈까 하다가 살짝 고개를 저었어요. 건이가 없어도 민성이와 연우, 지수 등 다

른 모둠 아이들이 숙제를 잘하고 있을 것 같았거든요.

"괜찮아요. 이거 끝나고 가면 돼요."

건이는 결국 개그 프로그램을 다 보고 나서야 집을 나섰어요. 가게가 가까워질수록 아이들 얼굴 보는 게 슬슬 걱정되었어요. 학교 앞 제과점을 조사하기 위해 만나기로 한 시간에서 벌써 30분이나 지나 있었어요. 건이가 제과점에 도착하자, 아이들은 조사를 마쳤는지 막 나오고 있었어요.

"얘들아, 미안해. 조금 늦었지? 조사는 다 했냐?"

건이는 넉살 좋게 아이들에게 다가갔어요. 새침한 지수가 건이를 째려보며 말했어요.

"윤건! 지금 몇 시인 줄 알아? 이제 나타나면 어떡해?"

연우와 민성이도 말은 안 했지만, 언짢은 기색이 역력했어요.

"미안, 미안. 집에 중요한 일이 있어서 좀 늦었어."

건이는 미안하다는 말로 대충 넘어가려고 했는데, 지수는 쉽게 넘어가려는 기색이 아니었어요.

"중요한 일이 뭔데?"

지수가 따지는 바람에 건이는 당황해서 얼굴이 빨개졌어요. 뭔가 둘러대려고 했는데, 얼른 생각이 나지 않았어요.

"아, 그냥 중요한 일이야. 좀 늦을 수도 있지, 왜 그러냐?"

건이의 말에 지수는 콧방귀를 뀌며 말했어요.

"네가 한두 번 약속 시간에 늦냐? 지난번에는 아예 안 온 적도 있잖아. 그럴 거면 왜 약속을 해?"

지수가 말 총알을 다다다 쏘는 바람에 건이는 기분이 확 나빠졌어요. 연우 앞에서 건이를 자꾸 타박하는 지수가 얄밉기까지 했어요. 약속 시간에 조금 늦은 걸로 왜 그렇게 화를 내는지 이해가 안 됐어요.

"약속을 하다 보면 어길 수도 있지, 뭘 그러냐?"

결국 건이는 지수에게 퉁퉁거리고 말았어요. 건이의 말에 지수는 기가 막히다는 듯, 팔짱을 끼고 건이를 노려보았어요. 연우와 민성이도 어이없다는 표정으로 건이를 쳐다보았어요. 건이는 친구들의 시선이 따가워 변명을 하기 시작했어요.

"우리 아빠가 그랬는데, 사람이 살다 보면 실수할 수도 있는 거래. 다른 사람의 실수를 많이 이해해 줘야 세상이 따뜻해지는 법이래. 그러니까 어쩌다가 약속을 어겨도 너희들이 이해해 줘야지. 안 그래?"

사실 건이 아빠도 친구들과의 약속을 자주 어기곤 했어요. 그때마다 아빠가 친구들에게 하던 말을 건이가 지수에게 그대로 한 거예요.

"허! 기가 막혀. 다시는 너랑 약속 안 해."

지수는 건이를 다시 한 번 매섭게 노려보더니 휙 가 버렸어요. 연우도 지수를 부르며 쫓아갔어요. 민성이는 이러지도 저러지도 못한 채, 엉거주춤 서 있다가 조사한 것 정리해야겠다며 은근슬쩍 지수를 따라갔어요.

"그래, 너희들은 얼마나 약속 잘 지키나 보자."

건이는 아이들이 사라진 골목길을 향해 외쳤어요. 개들이 멍멍 짖는 소리만 건이 목소리 뒤에 따라붙었어요.

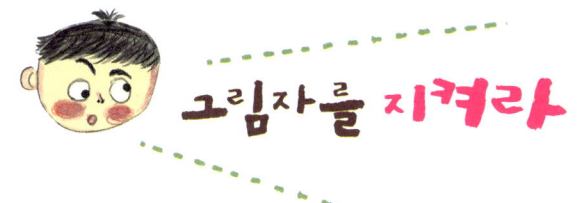

그림자를 지켜라

건이는 터덜터덜 집으로 발길을 옮겼어요. 긴 그림자만 건이를 따라오고 있었어요. 다시는 건이와 약속하지 않겠다던 지수의 말이 귓등을 자꾸 때렸어요.

"쳇! 약속을 하다 보면 어길 수도 있지."

건이는 놀이터 앞에서 혼잣말처럼 중얼거렸어요. 바로 그때였어요.

"맞아, 맞아. 약속을 어길 수도 있지."

누군가가 건이 귀에 대고 속삭이는 듯해서 건이는 옆을 돌아보았어요. 바로 옆에서 소리가 난 것 같았는데, 건이 곁에는 아무도 없었어요. 저녁을 먹을 시간이라 그런지 놀이터에 아이들이 거의 없었어요. 저만치에서 그네를 타고 있는 남자아이가 하나 있을 뿐이었어요.

"잘못 들었나?"

건이는 고개를 갸웃거리며 다시 발걸음을 옮기려고 했어요.

"아니야. 네가 들은 것 맞아. 약속은 어겨도 돼."

건이는 다시 주위를 휘휘 둘러봤어요. 분명히 건이 주변에는 아무도 없었어요.

"누구야? 어디 있어?"

건이는 소름이 오싹 끼쳐 겁에 질린 목소리로 소리쳤어요.

"그네 타고 있잖아."

그네를 타고 있던 아이가 건이를 보며 손을 흔들었어요. 건이는 그

아이가 자기를 놀린 것 같아 씩씩대며 앞으로 갔어요. 그런데 놀랍게도 그네를 타고 있던 사람은 아이가 아니라 할아버지였어요. 아이처럼 작은 체구에 머리부터 발끝까지 하늘색 옷을 입고 있어서 멀리서 보면 마치 남자아이로 보였어요.

"어? 할아버지네."

건이는 뒤통수를 긁으며 발걸음을 돌리려고 했어요. 따지려고 했던 마음이 금세 수그러졌어요.

"나도 네 말이 옳다고 생각해. 약속을 하다 보면 어길 수도 있는 거야."

할아버지는 건이의 마음을 읽는 듯 웃으며 말했어요. 할아버지의 말에 건이는 귀가 쫑긋해졌어요.

"그렇죠? 할아버지도 그렇게 생각하시죠?"

처음 보는 할아버지인데도 건이는 할아버지 옆의 그네에 앉아 맞장구를 쳤어요.

"그럼, 당연하지. 어떻게 약속을 매번 지켜?"

할아버지도 고개를 끄덕이며 건이의 편을 들어줬어요.

건이는 약속을 어겼다고 다그친 지수 얘기를 할아버지에게 신나게 들려줬어요. 아빠와 엄마가 평소에 약속을 많이 어겼던 얘기도 술술 했어요. 처음 본 할아버지인데, 오래전부터 친했던 할아버지처럼 마음속 얘기가 거침없이 나왔어요. 할아버지는 고개를 끄덕이며 건이 말에 귀를 기울였어요. 그 모습을 보고 건이는 신이 나서 더 많은 말을 했어요.

건이의 말이 거의 끝나자, 할아버지가 입을 열었어요.

"그럼, 우리 내기 하나 할까?"

할아버지의 말에 건이는 귀가 쫑긋했어요. 무엇이든 내기라면 지기 싫어하는 건이의 승부 근성이 속에서 꿈틀거렸어요.

"무슨 내기요?"

"약속 어기기 내기. 말 그대로 일주일 동안 무조건 약속을 어기는 거야."

"무조건 약속을 어기는 거요? 그건 너무 쉽잖아요."

"그럼 하면 되잖아. 대신 내기니까 이기면 상을 받고 지면 벌을 받아야겠지?"

할아버지의 입꼬리에 살포시 웃음이 매달렸어요.

"좋아요. 저는 이길 자신 있어요."

건이는 가슴을 쭉 내밀고 큰소리를 빵빵 쳤어요. 약속을 지키는 건 몰라도 어기는 건 누구에게도 지지 않을 자신이 있었거든요.

"그래, 그럼 약속을 지키는 사람은 영원히 그림자를 잃어버리는 거다. 약속을 어기는 사람은 뭐든 갖고 싶은 걸 하나 가질 수 있고."

그림자를 잃어버린다는 말에 건이는 가슴이 덜컥 내려앉았어요. 무서운 유령에게는 그림자가 없다는 걸 예전에 책에서 봤었거든요. 건이는 할아버지의 발밑을 무심코 보게 되었어요. 해질녘이라 길게 늘어진 건이의 그림자와 달리 할아버지의 발밑에는 그림자가 없었어요. 할아버지가 다른 아이와의 내기에서 지고, 건이에게서 그림자를 빼앗으려 한다는 생각이 퍼뜩 건이의 머리를 스쳤어요.

하지만 뭐든 갖고 싶은 걸 하나 가질 수 있다는 것에 건이는 더 마음이 기울었어요.

"그럼 제가 갖고 싶은 축구공도 가질 수 있어요? 아주 비싼 건데."

"물론이지. 네가 원하는 건 무엇이든 가질 수 있어."

건이의 승부욕이 다시 꿈틀댔어요.

"좋아요. 내기해요. 전 무조건 이길 거예요."

건이의 대답에 할아버지가 환하게 웃었어요.

"좋아. 그럼 약속해."

건이와 할아버지는 새끼손가락을 걸고 엄지손가락을 맞비벼 도장을 찍었어요.

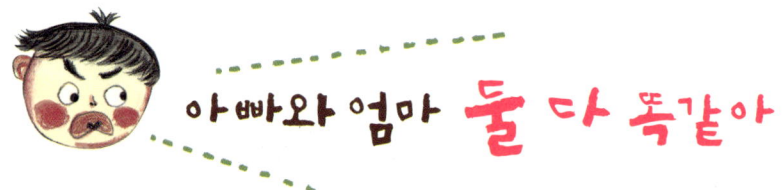

아빠와 엄마 둘 다 똑같아

"당신, 이렇게 자꾸 약속 어길 거야?"

현관에 들어서기도 전에 엄마의 폭풍 같은 잔소리가 먼저 들렸어요.

"그럴 수도 있지, 뭘 그래?"

아빠의 머쓱해하는 목소리도 곧 뒤따라 나왔어요.

건이가 집 안으로 들어서는데도 아빠와 엄마는 목소리를 높인 채 건이를 쳐다보지도 않았어요.

식탁에 앉아 있는 아빠와 엄마 사이에는 아빠의 것으로 보이는 담뱃갑이 놓여 있었어요. 설명을 듣지 않아도 건이는 대충 어떤 상황인지 알 수 있을 것 같았어요. 담배를 끊겠다고 약속한 아빠가 또 담배를 피워서 엄마한테 걸린 게 뻔해요.

"담배 끊겠다고 약속하고 나서 어긴 게 벌써 몇 번째인 줄 알아요?"

엄마가 호랑이처럼 소리를 질렀어요.

"담배 끊으면 용돈 올려준다는 약속을 당신이 먼저 안 지켰잖아요!"

아빠가 사자처럼 으르렁댔어요.

"용돈 올려주려고 했는데 당신이 담배를 다시 피웠잖아요."

"당신이 용돈을 안 올려주니까 내가 다시 담배를 피운 거지."

건이가 말려 보려 해도 아빠와 엄마는 틈을 주지 않았어요.

때마침 아빠의 휴대폰에 벨이 울리지 않았더라면 사자와 호랑이의 으르렁거림은 끝나지 않았을 거예요. 건이는 전화벨이 그렇게 고마울 수가 없었어요.

"어, 수용이구나. 그래, 그래. 잘 지냈지?"

아빠는 마른 가뭄에 비를 만난 농부처럼 반갑게 전화를 받았어요. 엄마는 아직도 분이 안 풀리는지 아빠를 매섭게 노려보았어요.

"어, 동창회가 어제였나? 미안, 미안. 약속을 깜빡 잊었네. 요새 회사 일이 바빠서……."

아빠는 어제 모이기로 한 동창회 약속도 잊었나 봐요. 전화기를 들고 미안하다며 쩔쩔 매는 아빠를 보고 엄마가 혀를 끌끌 찼어요.

"여기저기 약속만 하고 제대로 지킨 적이 없으니 건이가 뭘 배우겠어?"

하지만 건이는 약속도 잊을 정도로 바빴다는 아빠가 안쓰러웠어요. 전화를 끊은 아빠에게 엄마가 다시 잔소리를 하려던 참이었어요. 그런데 이번에는 엄마의 휴대폰 벨이 울렸어요.

"어, 민성이 엄마구나. 아, 맞다. 내일 같이 마트에 가기로 했었지? 근데 어떡하지? 내일 문화센터에 수업 듣는 날이라 같이 못 가겠다."

엄마도 전화기를 잡고 계속 미안하다고 말했어요.

"그것 봐. 여기저기 약속만 하고 제대로 지키는 게 없으니 건이가 뭘 배우겠어?"

아빠는 엄마가 했던 것과 똑같이 혀를 끌끌 차며 엄마를 나무랐어요.

"그래, 미안해. 약속할 때까지만 해도 그날이 그날인 줄 몰랐네. 다음에는 꼭 날짜 체크해 놓을게. 정말 미안해."

엄마는 몇 번이나 사과하고 전화를 끊었어요.

"엄마랑 아빠 두 분 다 똑같이 약속을 어기셨네요."

건이의 말에 엄마와 아빠는 서로 헛기침만 할 뿐, 아무 대답도 하지 못했어요.

"지키지도 못하는 약속은 왜 하는 거예요?"

"동창회야 다음에 나가면 돼. 회사가 더 중요하지, 동창회가 더 중요한가?"

"나도 다음에 마트 가면 돼."

아빠와 엄마는 머쓱한지 더 이상 말을 하지 않았어요.

'역시 약속을 지키는 건 어려운 일이야.'

건이는 약속 어기기 내기에서 이길 자신이 다시금 불뚝불뚝 솟았어요.

꼭 이기고 말겠어

2교시 수업 시간이 끝나자마자, 옆 반 준선이가 건이에게 달려왔어요.

"건아, 다음 시간에 운동화 좀 빌려줘. 우리 반 체육 시간인데 깜빡 잊고 구두를 신고 왔어."

준선이의 부탁에 건이는 흔쾌히 고개를 끄덕였어요.

"그래, 우리 반은 오늘 체육 안 하니까 빌려줄게."

"약속한 것 잊지 마!"

준선이는 건이와 새끼손가락까지 걸고 자기 반으로 돌아갔어요. 준선이가 돌아간 지 일 분도 안 되어 건이와 일 학년 때 단짝이었던 정후가 건이를 찾아왔어요. 정후는 지금 준선이와 같은 반이에요.

"건아, 나 운동화 좀 빌려줄 수 있어?"

"응? 운동화?"

건이는 당황해서 되물었어요.

"다음 시간이 체육 시간인데, 구두를 신고 와서……."

정후는 준선이와 약속이라도 한 듯 똑같은 말을 했어요.

"아까 준선이가 빌려달라고 해서 빌려주기로 했는데……."

건이의 말에 정후는 금세 시무룩한 표정이 되었어요.

"나는 너만 믿고 다른 애들한테는 말도 안 꺼냈는데. 너는 나보다 준선이랑 더 친하구나."

정후는 섭섭한 빛을 감추지 않았어요.

"아니, 그게 아니라……."

난처해진 건이가 어쩔 줄 몰라 할 때, 건이의 머릿속에 놀이터 할아버지와의 내기가 퍼뜩 떠올랐어요. 준선이와 새끼손가

락까지 걸고 약속했으니 그 약속을 어기면 되겠어요.

"됐어. 다른 애한테 빌릴 거야."

건이는 돌아서는 정후를 붙잡았어요.

"정후야, 네가 운동화 빌려가."

건이의 말에 정후가 오히려 의아한 표정을 지었어요.

"아까 준선이랑 약속했다며?"

"괜찮아. 네가 운동화 가져가."

건이는 바로 신발장으로 가서 제 운동화를 정후 손에 쥐어 주었어요. 정후는 고개를 갸웃거리면서도 건이가 준 운동화를 마다하지 않았어요.

자리로 돌아오는 건이의 입가에 실실 웃음이 떠올랐어요. 정후의 섭섭한 마음도 풀어 주고, 할아버지와의 내기에서도 이길 수 있다고 생각하니 준선이와의 약속쯤은 크게 마음에 걸리지 않았어요.

잠시 뒤, 소식을 들었는지 준선이가 달려왔어요.

"건아, 나랑 약속했잖아? 왜 정후한테 운동화 빌려줬어?"

실망한 준선이 얼굴을 보니 건이도 마음이 편하지 않았어요.

"그게 그렇게 됐어. 미안해."

"너, 진짜 너무하다."

쉬는 시간이 끝나는 바람에 준선이는 다른 친구에게 운동화도 빌리지 못하고 자기 반으로 돌아갔어요. 어깨가 축 쳐진 채 돌아가는 준선이의 뒷모습을 보자, 건이는 조금 미안한 마음이 들었어요.

"어쩔 수 없지. 약속했다고 다 지켜야 되는 것도 아닌데, 뭐."

건이는 혼잣말로 불편한 마음을 달랬어요. 하지만 약속을 지킬걸 그랬나, 하고 살짝 후회되기도 했어요.

그때 건이 마음속에 갑자

기 무슨 소리가 들리는 것 같았어요.

'어때? 약속은 잘 어기고 있어?'

어디선가 놀이터 할아버지가 나타나 건이의 귀에 대고 속삭이는 것 같았어요.

'그럼요. 아주 잘 어기고 있어요. 절대 내기에서 지지 않을 거예요.'

건이는 주먹까지 불끈 쥐며 다짐을 했어요. 약속을 꼭 어기기로요.

하기 싫은 약속

운동회가 하루 앞으로 다가오자, 아이들은 연습을 하느라 정신없었어요. 건이네 반은 우산으로 춤을 추기로 했어요. 처음에는 우왕좌왕 뒤죽박죽이었는데, 이제는 제법 음악에 맞추어 멋지게 춤을 추었어요.

건이네 반 아이들이 줄 맞춰 무지갯빛 우산을 돌리자, 구경하던 다른 반 아이들이 탄성을 질렀어요.

"우와, 예쁘다."

"하늘에서 무지개가 내려온 것 같아."

　다른 반 아이들의 부러운 목소리를 듣자, 건이네 반 아이들은 모두 어깨가 으쓱해졌어요.
　연습이 끝난 뒤 교실로 돌아오자, 선생님이 말씀하셨어요.
　"내일은 운동회 날이니, 지난번에 얘기한 대로 청바지에 흰 티셔츠를 입고 와야 해요."
　"네에!"
　아이들은 우렁차게 대답했어요.
　"모두 새끼손가락 들고 약속!"
　선생님의 말에 건이는 움찔했어요. 선생님과 약속을 하면 어

겨야 되는데, 그럼 혼자 다른 옷을 입고 와 전교생 앞에서 망신을 당할 게 뻔하잖아요. 건이가 망신을 당하는 것도 걱정이지만, 건이네 반 전체가 건이 한 명 때문에 우산 춤을 망치게 될까 봐 그게 더 걱정이에요.

"꼭 약속해야 돼요?"

건이의 볼멘소리에 선생님과 반 아이들 모두 건이를 이상하게 쳐다보았어요.

"그게 무슨 소리야, 건아? 당연히 약속해야지. 건이는 옷 맞춰 입기 싫어?"

선생님의 물음에 건이는 어떻게 대답해야 좋을지 고민되었어요.

"아니, 그게 아니라 저도 옷을 맞춰 입고 싶은데, 혹시라도 깜박해서 다른 옷을 입고 올 수도 있으니까요."

건이의 말을 듣던 아이들과 선생님이 웃음을 터뜨렸어요.

"윤건! 너는 매번 약속을 지키려고 노력하기보다 어길 생각을 먼저 하냐?"

지수가 목소리 높여 비아냥대듯 말했어요. 아직도 엊그제의 화가 덜 풀린 것 같았어요.

"나는 약속을 안 해야 더 잘 지킬 수 있단 말이야."

건이는 자신의 속마음을 알아주지 못하는 친구들이 야속했어요. 선생님에게 속을 탁 터놓고 얘기할까 잠시 생각했지만, 곧 마음을 접었어요. 선생님은 평소에 약속을 잘 지키라고 입버릇처럼 말해 왔기 때문에 약속 어기기 내기를 했다고 얘기하면 보나마나 야단을 치실 거예요.

"말도 안 돼. 괜히 약속 지키기 싫으니까 거짓말하는 거잖아."
지수는 건이를 보며 톡 쏘았어요.
"자, 그만, 그만."
건이가 한 마디 더 하려는데 선생님이 막았어요.
"아무튼 내일은 꼭 청바지에 흰 티셔츠 입고 오기로 모두 약속해요. 알았죠?"
"네에!"
아이들이 제비처럼 입을 모아 한 목소리로 대답하는데 건이는 차마 대답을 할 수 없었어요. 건이도 선생님과 즐겁게 약속하고 청바지에 흰 티셔츠를 입고 오고 싶었지만, 놀이터 할아버지와의 내기에서 지는 것은 생각도 하기 싫었어요.

작은 그림자 하나 없이 그네에 앉아 있는 할아버지의 모습이 자꾸 떠올랐어요. 건이가 약속을 지키는 순간, 할아버지가 건이의 그림자를 가져간다고 했으니 무슨 일이 있어도 약속을 어겨야 했어요.

"건아, 어제 네가 보던 책 나 빌려줄 수 있어?"

건이의 정신을 돌아오게 한 건 바로 한결같이 부드러운 목소리의 주인공 연우였어요.

"응? 무슨 책?"

정신을 차린 건이가 얼른 되물었어요.

"네가 어제 읽던 책 말이야. 다 읽었으면 나 빌려줄 수 있어?"

건이는 평소 좋아하던 연우의 부탁에 금세라도 하늘에 오를 듯 가슴이 빵빵해졌어요. 방금 전까지 걱정하던 마음은 어디론가 사라지고, 가슴속에 연우만 꽉 들어찼어요.

"그, 그럼. 다, 당연히 빌려줄 수 있지."

건이는 입이 헤 벌어져 말까지 더듬었어요.

"그럼, 약속한 거다. 그 책 나 빌려주기로."

연우의 사과 같은 입술에서 '약속'이라는 단어가 나오는 순간, 건이는 목이 컥 막혔어요.

"켁켁, 연우야! 그, 그게 약속은 좀……."

건이의 곤란한 표정에 연우는 서운한 속마음을 감추지 않았어요.

"왜 그래? 약속하기 싫어? 다른 애한테 빌려주려고?"

건이는 날씨가 덥지도 않은데 이마에 땀이 송글송글 맺혔어요. 어떻게든 약속하지 않고 연우에게 책을 빌려주고 싶었어요.

"아니, 그게 아니라 너한테 빌려주고 싶은데, 그러니까 약속하지 말고……."

쩔쩔 매는 건이에게 연우가 다시 조르기 시작했어요.

"빨리 약속해. 오늘 5시에 책 가지고 놀이터에서 만나자."

연우가 억지로 건이의 새끼손가락을 잡고 거는 바람에 건이는 얼떨결에 연우와 약속을 하게 되었어요.

"우와, 신난다. 5시에 보자."

가벼운 발걸음으로 팔딱팔딱 뛰어가는 연우와 달리, 건이의 마음은 코끼리가 백 마리 정도 들어앉은 것처럼 무겁고 답답했어요.

어디선가 놀이터 할아버지가 씨익 웃고 있을 것만 같았어요.

외롭고 답답해

시계 바늘은 5시를 향해 쉴 새 없이 움직였어요. 건이는 시계 바늘에 매달려 시간을 멈추게 하고 싶은 심정이었어요. 연우와의 약속 시간이 가까워질수록 앉았다 일어섰다 창밖을 내다봤다 어쩔 줄 몰랐어요.

하지만 건이는 이내 마음을 고쳐먹었어요.

"그래! 그림자를 뺏길 수는 없잖아. 오늘 약속은 지키지 말고 다음에 빌려줘야겠어."

결국 건이는 5시가 지나도록 놀이터에 나가지 않았어요. 놀

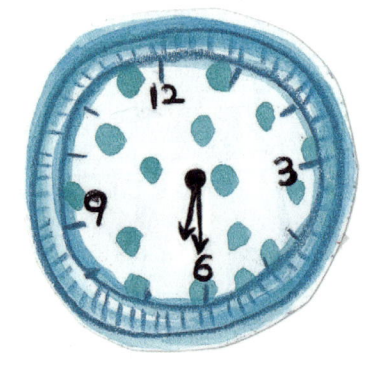

이터에서 기다리고 있을 연우를 생각하니 마음 한구석이 찜찜했지만 침 한 번 꿀꺽 삼키고 잊기로 했어요.

다음 날 아침, 아직 날이 다 밝지도 않았는데 건이는 저절로 눈이 떠졌어요. 시계를 보니 6시 30분이었어요. 놀러 가는 날 빼고 이렇게 이른 시간에 건이가 혼자 일어난 건 처음이에요. 밤새 뒤척여서 그런지 제대로 잠을 잔 것 같지 않았어요. 어깨도 찌뿌드드하고, 등도 뻐근했어요. 배도 아픈 것 같고, 목도 부은 것 같았어요.

"아프다고 얘기하고 학교에 가지 말까?"

하지만 건이는 이내 그 생각을 접었어요. 3주 가까이 연습한 우산 춤을 멋지게 해내어 박수를 받고 싶었고, 콩 주머니 던지기, 이어달리기, 공 굴리기 등 각종 종목에서 건이의 실력을 발휘

하고 싶었거든요. 미술이나 음악은 잘 못하지만, 체육이라면 누구보다 자신 있었어요.

건이는 흰 티셔츠에 청바지를 입어 보았어요. 깨끗하고 멋졌어요. 이 옷차림에 무지개 우산을 돌리면 환한 무지갯빛이 더욱 선명하게 보일 것 같았어요. 거울 앞에 한참 서 있던 건이는 힘없이 고개를 저었어요. 할아버지와의 내기에서 이기기 위해서는 흰 티셔츠와 청바지를 입으면 안 되니까요.

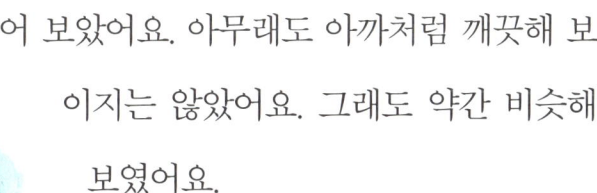

최대한 색깔이 비슷하게 하늘색 티셔츠에 검은색 바지를 입어 보았어요. 아무래도 아까처럼 깨끗해 보이지는 않았어요. 그래도 약간 비슷해 보였어요.

그러나 학교로 들어서서 교실이 가까워지자, 건이는 한 발을 들어 올릴 수도 없을 만큼 힘이 쭉 빠졌어요. 학교

가는 동안 만난 대부분의 아이들이 흰 티셔츠에 청바지를 입고 있었어요. 꼭두각시 춤을 추는 2반도, 깃발 체조를 하는 3반도, 장구춤을 추는 4반도 모두 흰 티셔츠에 청바지를 입고 있었어요. 경기를 할 때만 홀수 반은 학교에서 주는 파란색 조끼를 걸치기로 했기 때문에 청팀, 백팀 할 것 없이 모두 흰 티셔츠를 입고 있었어요.

하늘색 티셔츠를 입은 건이는 교실 문을 여는 것이 무서웠어요. 놀이터 할아버지와 왜 그런 약속을 해서 이렇게 마음고생을 하나 몰라요. 가능하다면 약속하기 전으로 시간을 돌리고 싶었어요. 약속을 어기는 것이 더 쉽고 편할 줄 알았는데 그렇지 않아요. 약속을 하면 지키는 것이 훨씬 더 쉬운 것 같았어요.

어딘가 놀이터 할아버지가 있다면 내기를 되물리고 싶어 건이는 주위를 휘휘 둘러보았어요. 그러나 어디에도 놀이터 할아버지는 없었어요.

마냥 교실 앞에 서 있을 수 없어 건이는 뒷문을 살짝 열고 교실로 들어갔어요. 손에 잔뜩 힘을 주어 소리 나지 않게 문을 열려고 했는데, 보통 때보다 문 여는 소리가 더 크게 나는 것 같았어요. 그 바람에 교실 안에 있던 아이들이 모두 건이를 쳐다봤어요. 먼저 와 있던 연우도 건이를 힐끗 돌아봤다가 이내 고개를 돌렸어요. 고개를 홱 돌리는 연우의 뒷모습에서 찬바람이 쌩쌩 불었어요.

"어? 뭐야, 윤건! 너 옷이 그게 뭐야?"

제일 먼저 지수가 소리쳤어요. 지수의 말을 시작으로 아이들이 모두 건이에게 한 마디씩 던졌어요.

"너 혼자 튀려고 그런 거야?"

"우리 반 우산 춤 너 때문에 망치겠다."

"설마……. 흰 티셔츠와 청바지는 가방에 싸 왔겠지?"

그때 연우가 딱딱한 목소리로 말을 보탰어요.

"상관하지 마. 윤건은 무슨 약속이든 어기는 애야. 어제 나랑 약속한 것도 연락도 없이 안 지켰어. 어차피 지키지도 않을 거면서 처음부터 약속은 왜 해?"

연우의 말에 아이들이 어이없다는 눈빛으로 건이를 쳐다봤

어요.

때마침 선생님이 들어오지 않았다면 아이들의 말 화살이 더 많이 날아왔을 거예요. 하지만 선생님도 건이의 복장을 보자 입을 딱 벌리고 다물지 못했어요.

"건아, 흰 티셔츠가 없으면 미리 말을 하지 그랬어. 선생님이 준비해 줬을 텐데."

선생님은 건이가 흰 티셔츠가 없어서 못 입은 거라고 생각했나 봐요. 건이는 고개를 푹 숙였어요.

건이는 외톨이가 된 듯 속상하고 외로웠어요. 아무도 건이의 사정을 알려고 하지 않아 더 섭섭했어요.

"어쩔 수 없지, 뭐. 이왕 이렇게 된 거 춤이라도 열심히 추자!"

선생님이 밝게 웃으며 건이의 머리를 쓰다듬어 주었어요. 그러나 건이의 마음은 주인 잃은 강아지처럼 외롭고 답답했어요.

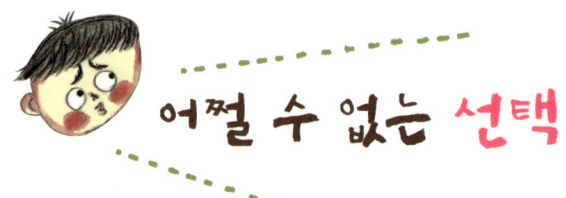

어쩔 수 없는 선택

건이는 우산 춤을 추는 동안 자그마치 세 번이나 틀렸어요. 총연습 때는 한 번도 틀리지 않았어요. 그런데 친구들과 다른 옷을 입으니 사람들이 자꾸 건이만 보는 것 같아 동작이 작아졌어요. 순서도 엉망이 되어 다들 일어설 때 혼자 앉고, 앉을 때 혼자 일어서고, 우산을 내려야 할 때 혼자 올리는 바람에 사람들의 웃음을 잔뜩 샀어요.

"쟤는 옷도 혼자 다르게 입고 있으면서 춤도 혼자 반대로 추고 있네."

"글쎄 말이야. 쟤 건이잖아?"

건이는 쥐구멍, 아니 개미구멍이라도 있으면 개미를 따라 들어가고 싶은 심정이었어요. 아이들은 건이에게 눈총을 주고, 건이 때문에 우산 춤을 망쳤다고 말하기 시작했어요. 선생님은 별다른 말을 하지 않았지만, 건이는 선생님 얼굴을 제대로 볼 수 없어서 한쪽 구석에서 바닥만 들여다보았어요.

운동장에서 무슨 경기가 벌어지고 있는지는 이미 건이의 마음에서 떠나간 일이었어요. 어떻게든 빨리 운동회가 끝나고 집으로 가고 싶었어요. 아니, 놀이터 할아버지를 찾아서 얼른 내기를 되돌리고 싶었어요.

"건아! 네가 우리 반 달리기 대표잖아. 빨리 시합 준비해."

민성이의 말에 건이는 고개를 들었어요. 벌써 달리기 시합이 다음 순서로 바싹 다가와 있었어요.

"어? 그, 그래."

건이는 후다닥 자리를 털고 일어났어요. 반 대항 달리기에서 꼭 일등해서 우산 춤을 망친 것에 대한 미안함을 덜고 싶었어요. 그러면 아이들도 건이를 용서해 줄 것 같았어요.

"얘들아, 우산 좀 망쳐서 미안해. 대신 달리기 대회 나가서 꼭 일등할게."

건이는 아이들에게 큰소리로 말했어요. 건이의 말에 지수가 새끼손가락을 내밀며 다가왔어요.

"그래? 그럼 새끼손가락 걸어."

건이는 자신이 한 말 때문에 어쩔 수 없이 새끼손가락을 걸었어요. 연우와도 약속을 하고 싶었지만, 연우는 얼음처럼 차가운 표정을 지은 채 다른 곳만 보고 있었어요.

건이는 연우에게 잘 보이기 위해서라도, 반 아이들에게 미안한 마음을 덜기 위해서라도 꼭 일등을 하고 싶었어요. 건이의 달리기 실력은 2학년 중에서 으뜸이라고 손꼽히고 있으니, 열심히만 달린다면 일등을 할 수 있을 거예요.

"자, 다음은 반 대항 달리기 시합입니다. 각 반 대표들은 앞으로 나와 주십시오."

방송이 나오자, 건이는 앞으로 걸어갔어요. 그때 사람들 속에

섞여 있는 놀이터 할아버지를 봤어요. 할아버지는 뒷짐을 지고 흐뭇하게 웃고 있었어요. 순간, 건이는 아차 싶었어요. 일등을 하겠다고 친구들과 약속한 것이 땅을 치며 울고 싶을 만큼 후회되었어요. 차라리 약속을 하지 말고 그냥 잘 달리겠다고 할 걸, 왜 약속을 했는지 새끼손가락을 깨물고 싶은 심정이었어요.

드디어 2학년이 달리기를 할 차례예요. 운동장에 있는 모든 사람들이 아이들의 발만 바라보았어요.

건이는 침을 꼴깍 삼켰어요. 저 운동장 끝까지 온 힘을 다해 달려야 할지, 힘을 빼고 달려야 할지 건이는 아직도 마음을 정하지 못했어요. 친구들을 잃기도 싫었고, 그림자를 잃을 수도 없었어요.

"땅!"

하늘을 울리는 총소리와 동시에 건이는 빛처럼 튕겨 나갔어요. 머릿속에서 하던 복잡한 계산은 첫발을 내딛는 순간 바람결에 다 날아가 버리고 말았어요. 건이는 오로지 운동장 끝에 있는 흰 줄을 향해 그림자도 못 쫓아올 속도로 달렸어요. 친구

들의 응원 소리도 들리지 않았어요. 오로지 결승점과 건이만 있을 뿐이었어요.

"1반 윤건 일등!"

"우와!"

방송에서 건이의 이름이 불리자, 1반 아이들은 환호성을 지르며 건이에게 달려왔어요.

"으아아앙!"

그러나 건이는 그 자리에서 주저앉아 엉엉 울음을 터뜨렸어요. 아까 웃고 있던 놀이터 할아버지가 곧 그림자를 가져갈 생각을 하니 지금 엉덩이 밑에 깔려 있는 그림자가 못 견디게 아까웠어요. 건이는 울면서도 그림자가 없어지진 않았는지 슬쩍슬쩍 엉덩이를 들어 그림자를 확인했어요.

"왜 그래, 건아? 너무 좋아서 그래?"

민성이가 건이를 안아 주며 물었어요.

"건아, 아무리 좋아도 그렇지, 그렇게 주저앉아 울면 어떡하니?"

선생님도 호호 웃으며 건이를 일으키려 했어요.

"내 그림자, 내 그림자 어떡해요?"

건이는 발까지 구르며 목 놓아 울었어요. 열심히 달려 일등을 한 건 후회가 되지 않지만, 그림자가 없어지는 건 상상하기도 싫었어요.

처음에는 건이가 떼를 쓴다고 생각했던 선생님과 아이들도 건이가 울음을 섞어가며 이야기를 하자, 모두 심각한 표정이 되었어요. 지수는 모두 함께 할아버지를 찾아가서 빌어 보자고 했고, 민성이는 건이를 숨기자고 했어요. 예담이는 건이에게 혹시 꿈꾼 것 아니냐고 몇 번씩 다시 물었어요.

그때였어요. 연우가 아이들을 헤치고 천천히 건이 앞으로 다가왔어요.

"할아버지랑 약속 어기기 내기를 했다고 했지?"

"응."

건이는 코를 훌쩍이며 고개를 끄덕였어요.

"내기에서 이기는 사람은 뭐든 원하는 걸 하나 갖게 되고, 내기에서 진 사람은 그림자를 잃기로 했고?"

"응."

그림자 얘기가 나오자, 건이는 다시 터져 나오려는 울음을 꾹 참았어요.

"그래서 약속을 꼭 어기기로 약속한 거잖아."

"응."

연우는 마치 형사 같았어요.

"괜찮아. 우리와의 약속을 지켜도 돼."

"그게 무슨 말이야?"

건이는 연우의 반응이 이상해서 다시 말했어요. 연우는 천천히 고개를 저었어요.

"처음부터 할아버지와의 약속 자체가 문제가 있는 것 같아. 할아버지와의 약속을 지키려면 우리와의 약속을 어겨야 하지만, 반대로 생각해서 우리와의 약속을 지키게 되면 할아버지와의 약속은 어기게 되는 거잖아."

연우의 명쾌한 말에 다른 아이들이 박수를 쳤어요.

"우와, 연우 멋있다."

선생님도 연우의 말이 맞는 것 같다며 고개를 끄덕였어요.

"연우가 제법인걸. 선생님도 미처 생각하지 못한 걸 깨닫게 해 줬네."

연우의 말을 듣고 누구보다 마음이 편한 사람은 건이였어요.

"그럼 내 그림자 영원히 사라지지 않는 거야?"

건이는 일어나서 그림자가 있는지 확인했어요. 그림자는 건이의 발밑에 찰싹 달라붙어 있었어요.

"당연하지. 너는 약속을 무조건 어기라는 가장 큰 약속을 어겼으니까."

건이는 연우에게 와락 달려들어 꼭 껴안아 주었어요.

"고마워, 연우야. 네가 나를 살렸어. 이제부터 나는 진짜, 정말, 진심으로, 맹세코 약속 잘 지키는 사람이 될 거야."

연우는 숨이 막히다고 말하면서도 건이를 뿌리치지는 않았어요. 건이와 연우의 그림자도 서로를 꼭 껴안고 있었어요.

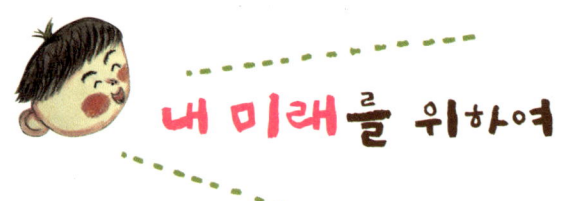

내 미래를 위하여

"건아, 오늘 4시에 축구 시합하기로 약속한 거 잊지 않았지?"

점심시간에 찾아온 준선이의 말에 건이는 활짝 웃으며 고개를 끄덕였어요.

"당연하지. 수첩에 써 두기까지 했는걸. 10분 전에 나가 있을 테니까 걱정 마."

건이의 말에 준선이가 대답했어요.

"걱정 안 해. 이제는 약속 잘 지키는 윤건이잖아."

준선이는 씨익 웃으며 자기 반으로 돌아갔어요.

"건아, 우리 모둠 합주 연습해야 하는데, 오늘 4시 어때?"

지수가 건이에게 다가와 약속 시간을 물었어요. 건이는 수첩을 뒤적이며 대답했어요.

"미안해. 오늘 4시는 먼저 한 약속이 있어. 학교 끝나고 바로 만나면 좋겠는데."

건이의 변한 모습에 지수는 빙긋 웃었어요.

"윤건, 완전히 변했네. 아무렇게나 약속하지 않고, 약속하면 꼭 지키려고 하고."

지수의 칭찬에 건이는 귀가 빨개졌어요. 이제 약속을 잘 지키는 건 할아버지와의 내기 때문이 아니었어요. 약속을 잘 지키게 되자, 건이 스스로 시간을 짜임새 있게 쓸 수 있게 되어 좋았어요. 친구들과 사이도 좋아졌고, 건이 스스로도 편하고 행복했어요. 가끔 살짝 귀찮을 때도 있긴 했지만, 약속을 지키면 마음이 편해져서 행복했어요.

'진작 알았더라면 더 빨리 약속을 잘 지켰을 텐데.'

건이는 무심코 운동장을 내다보았어요. 앗! 철봉에 누군가 매달려 있었어요. 작은 체구에 머리부터 발끝까지 하늘색 옷으로 차려 입은 사람은 바로 할아버지였어요. 건이는 총알처럼 할아버지를 향해 뛰어나갔어요.

"할아버지! 할아버지!"

"녀석! 넘어질라. 누가 달리기 일등 아니랄까 봐 그렇게 쏜살같이 달려오냐?"

할아버지가 철봉에서 내려와 인자한 웃음으로 건이를 맞았어요.

건이는 할아버지와 나란히 벤치에 앉았어요. 옆에 앉아 찬찬히 할아버지를 살펴보니 할아버지는 놀이터에서 만났을 때보

다 훨씬 더 행복하고 편안해 보였어요. 그때와 같은 옷이긴 했지만, 해지고 더러운 부분 없이 옷도 깨끗하고 고와 보였어요.

"운동회 때 저 보셨어요?"

"암, 봤지. 늘 보고 있었는걸."

"그럼 할아버지와의 약속이 잘못되었다는 것도 아시겠네요? 무조건 약속을 어기기로 약속했으니까, 그 약속을 어기는 것은 다른 사람과의 약속을 무조건 지키는 거잖아요."

"허허! 그래, 그래."

할아버지는 건이가 기특한 듯 머리를 쓰다듬어 주었어요.

"할아버지, 혹시 일부러 그런 내기 하신 거예요? 약속은 어기는 것이 아니라 지키는 거라는 걸 가르쳐 주시려고요."

"허허! 기특한 녀석. 제법이구나. 작은 약속이든 큰 약속이든 약속을 지킨다는 건 서로를 믿게 만드는 것이란다. 그런 믿음이 이 세상을 따뜻하게 만들어 주지."

건이는 눈을 반짝이며 얼른 대답했어요.

"이제부터 저도 꼭 약속을 잘 지켜서 다른 사람에게 믿음을

줄 거예요."

할아버지는 건이의 손을 꼭 잡으며 말했어요.

"다른 사람과의 약속만큼 자기와의 약속도 중요하단다. 스스로를 믿지 못하는 사람이 어떻게 다른 사람에게 믿음을 줄 수 있겠니?"

할아버지는 고개를 끄덕이는 건이의 머리를 다시 쓰다듬어 주었어요. 그때 건이는 운동장에 드리워진 할아버지의 그림자도 함께 움직이는 걸 보았어요.

"할아버지 그림자가 생겼어요!"

건이가 깜짝 놀라 소리쳤어요.

예전에 놀이터에서 만났을 때는 분명히 할아버지의 그림자가 없었는데, 오늘은 그날과는 다르게 까만 그림자가 할아버지를 따라다니고 있었어요.

"그래, 네 덕분에 이렇게 큰 선물을 받았구나."

할아버지가 뜻 모를 소리를 했어요.

"건아, 사실 나는 네 미래란다."

"네에?"

건이는 너무 놀라 벌어진 입을 다물 수가 없었어요. 낯선 할아버지가 건이의 미래라니, 믿을 수가 없었어요.

그런데 할아버지의 얼굴을 하나하나 뜯어 보니 정말 건이와 닮았다는 걸 느낄 수 있었어요. 짙은 눈썹, 쌍꺼풀 없이 커다란 눈, 아래위 두께가 비슷한 빨간 입술. 어쩐지 처음 만났을 때부터 친근하게 느껴진 이유가 있었어요.

"저는 미래에 어떻게 살아요? 이 다음에 뭐가 돼요? 누구랑 결혼해요? 아니, 할아버지는 미래의 나니까 반말을 해야 하는 건가?"

건이는 미래에 대해 궁금한 것들을 마구 풀어냈어요. 그러나 할아버지의 대답은 건이의 기대와 달랐어요.

"그건 너만이 알 수 있단다. 네가 어떻게 사느냐에 따라 나의 모습도 달라지지. 네가 약속을 잘 지키는 아이가 된 덕분에 나

에게도 그림자가 생겼듯이……. 고맙다. 나는 이제 떠날 때가 되었구나."

할아버지가 떠난다는 말에 건이는 화들짝 놀랐어요.

"계속 저랑 같이 계시면 안 돼요? 제가 잘못하는 일이 생길 때마다 또 가르쳐 주시면 되잖아요."

할아버지는 고개를 저었어요.

"미래에 속한 사람은 미래에 있어야 행복한 법이지. 다시 나를 미래에서 끌어오지 않겠다고 약속할 수 있지?"

할아버지가 새끼손가락을 내밀었어요. 건이도 웃으며 새끼손가락을 내밀어 걸었어요. 할아버지의 손은 부드럽고 따뜻했어요.

"그 약속 꼭 지킬게요."

할아버지와 건이 뒤로 늘어진 그림자가 오랫동안 흔들리지 않았어요.

| 부록 |

4:00pm
수업 끝나고 친구들과
축구 시합하기

6:00pm
연우 생일파티 가서
축하해 주기

나와의 약속
★ 반찬 골고루 먹기!!!
★ 나쁜 말 쓰지않기

내가 한 약속 끝까지 지키는 Know-How!

1 나는 약속을 잘 지키는 아이일까?
2 약속을 잘 지키기 위한 4단계 전략!

나는 약속을 잘 지키는 아이일까?

(해당하는 곳에 O 표시를 하세요.)

혹시 약속을 잘 안 지켜서 친구와 다툰 적이 있나요? 반대로 약속을 안 지키는 친구 때문에 속상한 적이 있나요? 약속을 잘 지키기 위해서는 어떤 노력을 해야 할까요? 이제부터 자신을 돌아보며 그동안 얼마나 약속을 잘 지켜 왔는지, 약속을 잘 지키기 위해서는 어떻게 해야 하는지 알아보기로 해요.

1. 약속하기 전에 지킬 수 있는지 미리 생각해 본다. (   )
2. 약속한 내용을 메모지에 적어 둔다. (   )
3. 틈틈이 메모를 보면서 약속한 것을 확인한다. (   )
4. 시간을 확인하는 습관을 기른다. (   )
5. 약속 시간 전에 도착할 수 있도록 미리 나간다. (   )
6. 약속이 있다는 사실을 주변 사람들에게 알려 잊지 않도록 한다. (   )
7. 어쩔 수 없이 약속을 지키지 못할 때에는 미리 연락해서 약속을 바꾼다. (   )
8. 지킬 수 있는 약속만 한다. (   )
9. 사소한 약속도 소중히 여긴다. (   )
10. 자신과의 약속을 잘 지킨다. (   )

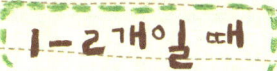 

1-2개일 때

평소에 약속을 중요하게 생각하지 않지요? 약속한 내용을 기록하고 틈틈이 메모지를 보면서 약속한 내용을 잊지 않는 자세가 중요해요.

3-5개일 때

매번 약속을 지킨다는 건 참 어려운 일이지요. 그래도 바쁜 일이 있거나 귀찮다고 약속을 쉽게 저버린다면 약속을 한 친구들이 여러분을 싫어하게 될 거예요.

6-8개일 때

약속을 잘 지키기 위해서는 자신과의 약속을 우선 잘 지켜 보세요. 스스로 약속한 것을 잘 지킨다면 어떠한 상황에서도 다른 사람과의 약속을 잘 지키게 될 거예요.

9-10개일 때

약속이 왜 중요한지, 약속을 안 지키면 어떻게 되는지 잘 알고 있군요. 약속을 잘 안 지키는 친구들에게 약속의 중요성을 알려 주세요.

약속을 잘 지키기 위한 4단계 전략!

처음부터 약속을 잘 지키기란 어려워요. 약속을 잘 지키기 위한 4단계 전략을 그대로 실행해 보면서 약속을 잘 지키기 위한 자신만의 방법을 찾아 보세요. 약속을 하기 전부터 약속을 다 지킨 후까지 해야 할 것들에는 무엇이 있는지 알 수 있어요.

1 약속하기 전에 잊지 말아야 할 것 :
지킬 수 있는 약속인지 다시 한 번 생각해 보기

1시간 안에 서울에서 부산까지 가기, 10분 동안 김치 다섯 포기 먹기 등 지킬 수 없는 약속을 함부로 하다 보면 결국 약속을 안 지키는 습관이 몸에 배이게 돼요. 따라서 지키기 어려운 약속, 부담스러운 약속은 처음부터 하지 않는 게 좋아요. 스스로 지킬 수 있는 약속만 하고, 할 수 있는 약속은 반드시 지키려고 노력하는 자세가 무엇보다 가장 중요하답니다.

2 약속을 하고 나서 꼭 해야 할 것 :
약속을 한 다음에는 반드시 수첩에 적어 놓기

우리는 평생 한 가지 약속만 하면서 살지 않아요. 오늘 꼭 지켜야 할 약속도 있고, 이번 주까지 지켜야 할 약속도 있어요. 그렇기 때문에 약속을 한 다음에는 수첩에 기록해 두는 게 좋아요. 오늘 어떤 약속이 있는지, 내일은 어떤 약속이 있는지 그때그때 확인하고 기억해 둔다면 약속을 지키는 일이 훨씬 수월해질 거예요.

3 꾸준히 약속을 지켜야 할 때 생각해야 할 것 :

약속을 잘 지키고 있는지 수시로 검토해 보기

오늘 3시에 친구와 만난다든지, 내일 친구에게 책을 빌려준다든지 하는 간단한 약속도 있을 수 있지만, 오랫동안 꾸준히 지켜야 할 약속도 있어요. 예를 들어 나쁜 말 쓰지 않기, 편식하지 않기, 인사 잘하기, 집에 와서 제일 먼저 숙제하기 등은 매일매일 지켜야 하는 약속이지요. 이렇게 꾸준히 약속을 지켜야 할 때에는 틈틈이 스스로 점검하는 연습이 필요해요.

4 약속을 다 지킨 다음에 하면 좋은 것 :

이번 약속을 지킨 결과에 대해 적어 보기

약속을 지키지 않았을 때의 자신의 모습과 약속을 지켰을 때의 자신의 모습을 비교해 보세요. 약속을 지켰을 때의 느낌이나 결과를 적어 놓는 것도 좋아요. '음식 골고루 먹기' 약속을 잘 지켰다면, '몸이 튼튼해졌다, 키가 많이 클 것이다'라고 쓰고, '친구와 3시에 만나기' 약속을 잘 지켰다면, '친구와 사이가 더 좋아졌다'라고 쓰는 건 어떨까요?

약속을 지켰을 때   **약속을 지키지 않았을 때**

약속의 소중함을 일깨워주는 책

약속 꼭 지킬게!

초판 1쇄 발행 2012년 6월 28일　**초판 17쇄 발행** 2024년 11월 5일

글 강민경　**그림** 박진아
펴낸이 최순영

교양 학습 팀장 김솔미　**편집** 이주연
키즈 디자인 팀장 이수현　**디자인** 오세라

펴낸곳 ㈜위즈덤하우스　**출판등록** 2000년 5월 23일 제13-1071호
제조국 대한민국　**주소** 서울특별시 마포구 양화로 19 합정오피스빌딩 17층
전화 02)2179-5600　**홈페이지** www.wisdomhouse.co.kr　**전자우편** kids@wisdomhouse.co.kr

ⓒ강민경, 2012
ISBN 978-89-6247-336-0 74810
ISBN 978-89-92010-33-7 (세트)

- 이 책의 전부 또는 일부 내용을 재사용하려면 반드시 사전에 저작권자와 ㈜위즈덤하우스의 동의를 받아야 합니다.
- 인쇄·제작 및 유통상의 파본 도서는 구입하신 서점에서 바꿔드립니다.
- 책값은 뒤표지에 있습니다.
- 이 책의 사용 연령은 8~13세입니다.